L'art de libérer son Potentiel

Du même auteur

Secrets pour gagner aux échecs : préparation mentale

Secrets pour gagner aux échecs : auto coaching mental

How to Win at Chess: Mental Preparation

L'art de libérer son Potentiel

Douze principes pour changer votre vie

D'après les histoires inspirantes
de personnalités d'exception

TAYEB NAIDJI

Éditeur : Tayeb NAIDJI – Strasbourg
Achevé d'imprimer en mars 2020
ISBN : 978-2-9561861-37
Dépôt légal mars 2020

REMERCIEMENTS

Ce livre n'aurait pu être réalisé tel qu'il apparaît aujourd'hui sans le précieux concours de nombreuses personnes auxquelles j'exprime ici ma sincère gratitude. Merci à Sylvie, Hélèna, Camille, Adélie, Anne-Marie, Roger, Thibault, Bruno, Emmanuel, Denisa, Jean-Marie, Bertrand, Marco, Sandra, Hélène, Thierry, Aurélie, Jeremy, Zélia, Élodie, Mathieu et toutes les autres personnes non citées, et grâce à qui j'en suis arrivé là aujourd'hui.

SOMMAIRE

L'auteur 11

Introduction 15

La puissance de l'état d'esprit 21

Accepter sa responsabilité 29

Maîtriser ses émotions 37

L'art de franchir les obstacles 47

Secrets de philosophes 57

L'importance de la concentration 65

Le principe de vingt-quatre heures 71

Adopter de bonnes habitudes 77

L'incroyable pouvoir des questions 87

Comment dépasser ses limites ? 95

Planifier pour réussir 103

Le bon moment pour agir 113

Conclusion 121

Références Bibliographiques 125

Internet 127

L'AUTEUR

Tayeb Naidji est maître en préparation mentale pour joueurs d'échecs et expert en conseil stratégique depuis plus de vingt ans.

Créateur du blog *https://echecs-et-psychologie.fr*, il a déjà publié plusieurs livres sur le thème de la psychologie et du jeu d'échecs, ainsi que des articles dans la revue Europe Échecs.

Ingénieur de formation, il est passionné par la psychologie, la philosophie, l'histoire, les neurosciences et la stratégie. Il pratique aussi la méditation et le jeu d'échecs en compétition

Son expérience de direction opérationnelle au sein de grands groupes lui a permis d'aider de nombreuses personnes dans leur quête de réponses contractuelles et stratégiques. Il a aussi eu le privilège d'être au contact de différentes cultures, pendant dix années passées à parcourir le monde.

Tayeb Naidji a testé la plupart des méthodes classiques proposées par le développement personnel. Il s'est trouvé confronté aux problématiques que l'on rencontre lorsque l'on essaye de libérer son potentiel. Au travers de sa pratique de maître en préparation mentale, il a aussi eu l'occasion d'éprouver les conseils de ce livre.

Son itinéraire professionnel et personnel, ses lectures, ses formations et coachings, ses voyages et rencontres, sa curiosité, sa soif d'apprendre et de transmettre ont façonné ce qu'il est aujourd'hui et sa philosophie.

Ce guide pratique est le fruit de son parcours de vie. Il se hisse également sur les épaules des géants (Obama, Federer, Comaneci, Socrate, Kasparov, etc.), afin de vous proposer une synthèse inédite, qui vous aidera à libérer votre potentiel et devenir le meilleur de vous-même.

INTRODUCTION

MARCUS
ATTILIUS

INTRODUCTION

« Il n'est jamais trop tard pour être ce que vous auriez pu être. »
Oscar WILDE

Vers l'an 68 à Rome, Marcus Attilius est un respectable citoyen de l'Empire. Il mène une vie assez ordinaire, mais un problème sérieux le préoccupe. Il est fortement endetté, et ses créanciers sont de plus en plus virulents.

Pour sortir de cette situation pénible, Marcus prend une décision qui va radicalement changer le cours de son existence.

Pour rembourser ses dettes, il décide d'intégrer une école de gladiateurs. Ce sont de véritables stars dans la Rome antique, à l'image des sportifs de haut niveau d'aujourd'hui. Attilius signe un contrat devant un magistrat et devient un gladiateur engagé. Ce faisant, il renonce à ses droits et à sa liberté.

Attilius est un combattant robuste et rapide de la catégorie des mirmillons. Il est équipé d'un casque à visière grillagée, d'un glaive et d'un grand bouclier.

Après une année d'entraînement, dès son premier combat officiel, il surprend tous les bookmakers de l'époque. Le « tiro » – c'est ainsi que l'on appelle les gladiateurs novices – bat le champion de l'empereur Néron. Devant des milliers de spectateurs, Attilius terrasse le gladiateur impérial Hilarus, déjà vainqueur de treize combats d'affilée.

Marcus ne s'arrête pas là. Quelque temps plus tard, il vainc aussi un autre célèbre gladiateur. Un géant nommé Raecius Felix au palmarès impressionnant de douze victoires successives.

La renommée de Marcus Attilius fut telle que l'on retrouva en 2007 ses combats légendaires dessinés sur des mosaïques à Pompéi. Des graffitis représentant ses plus grandes victoires furent aussi gravés sur les pierres des maisons de la cité romaine.

Au-delà de l'extraordinaire histoire de Marcus Attilius, on s'interroge naturellement sur les clés de sa réussite. Comment en effet un homme ordinaire est-il parvenu à accomplir de tels exploits ? Était-il simplement doué pour le combat ou disposait-il d'un état d'esprit particulier ?

Cette histoire incroyable nous amène à réfléchir plus largement. Quels sont les éléments fondamentaux nécessaires pour réussir ? Quel état d'esprit faut-il posséder pour atteindre de tels résultats ? Comment libérer son potentiel et dépasser ses limites ?

Par ailleurs, quelles sont les méthodes pour adopter de bonnes habitudes ? Comment franchir les obstacles en chemin ? Comment se fixer de bons objectifs et les atteindre ?

Ce guide pratique va répondre à toutes ces questions, et bien d'autres encore. J'ai choisi un format court pour aller à l'essentiel.

Au travers d'histoires inspirantes de personnalités d'exception, ce livre vous dévoile douze principes essentiels qui vous aideront à libérer votre potentiel, et à tirer profit du meilleur de vous-même.

J'entends par « libérer son potentiel » l'action de faire éclore le meilleur de soi. Autrement dit, il s'agit de découvrir ses aspirations profondes et de se donner les moyens de les réaliser. C'est aussi une façon de lâcher ses freins, de libérer ses talents, et de vivre en cohérence avec ses valeurs. C'est enfin pouvoir accomplir ce pour quoi on est fait, en tenant compte de ses capacités.

Par ailleurs, la complexité de la vie ne peut se réduire à de simples règles à suivre. C'est pourquoi je vous offre ces conseils sous la forme de principes à adapter à votre situation. Issus d'histoires vraies de champions et de leaders renommés, ces principes demeurent avant tout des repères et une source d'inspiration.

Cela étant dit, et sans plus attendre, je vous invite à vous installer confortablement et à tourner les pages qui suivent. Vous découvrirez de belles histoires à la fois surprenantes et instructives. Elles transformeront, j'en suis convaincu, votre façon de voir les choses et votre vie.

PRINCIPE N°1

DICK
FOSBURY

LA PUISSANCE DE L'ÉTAT D'ESPRIT

« La plus grande découverte de tous les temps, c'est que l'être humain peut modifier sa vie en modifiant son état d'esprit. »
William JAMES

Dick porte le dossard n°272. Superstitieux, il est toujours chaussé de baskets dépareillées, l'une blanche et l'autre bleue, de la marque aux trois bandes. Nous sommes le 20 octobre 1968 aux Jeux olympiques de Mexico.

Il reste encore trois hommes en compétition pour franchir la barre des 2,20 m dans l'épreuve du saut en hauteur. Ses deux adversaires sont le russe Valentin Gravilov et l'américain Edwin Caruthers.

Le Soviétique au dossard n°802 ne réussit pas à passer la barre des 2,22 m : il est éliminé du concours. Caruthers échoue quant à lui, pour la deuxième fois, à 2,24 m. Il lui reste encore une tentative.

C'est au tour de Dick. Les 80 000 spectateurs ne le quittent pas des yeux. Ils adorent sa façon de sauter inédite. Dick prépare son troisième et dernier essai à une hauteur de 2,24 m. Le natif de Portland entame sa routine mentale. Il souffle dans ses mains, visualise une dernière fois son saut. Dick entame son étrange rituel par un mouvement de balancier avec les jambes qui feignent la prouesse à venir, les pieds fixés au sol, le haut du corps maintenu droit, les poings fermés et les bras repliés en forme de L.

Soudain il s'élance, relâché et concentré. Dick parcourt la distance qui le sépare de la zone de saut, en une dizaine de petites foulées. Il s'approche de la barre, prend appel sur sa jambe extérieure et propulse tout son corps vers le haut.

L'américain est le seul athlète qui saute positionné dos à la barre et le visage tourné vers le ciel. Il passe la barre sans la faire tomber ni même la frôler. Dick se relève rapidement. Il tape dans ses mains, lève son bras le poing fermé vers l'assistance, qui applaudit son exploit. Le record olympique est battu.

Il rejoint en petites foulées l'extrémité de son banc situé dans la zone réservée aux compétiteurs. Il remet vite sa veste de survêtement et jette un œil complice vers le public. Dick sourit. Il est satisfait et profite de ce moment historique.

Cependant, rien n'est joué pour la médaille d'or. Il reste encore un essai à Caruthers. Le géant d'Oklahoma City se prépare, s'élance et saute selon la méthode traditionnelle. Il enfourche la barre en mode ciseau, mais la fait tomber au sol. Il échoue de peu pour son troisième essai à 2,24 m. Il est très déçu, et reste inconsolable même avec la médaille d'argent.

Dick est donc devenu le nouveau champion olympique de l'épreuve du saut en hauteur ! La foule applaudit à tout rompre. Le stade entier vibre sous l'action des milliers de spectateurs tapant des pieds à l'unisson. C'est du délire. Ils sont tellement hystériques qu'ils ignorent les valeureux marathoniens épuisés qui viennent d'entrer dans le stade.

Le nouveau champion olympique s'appelle Dick Fosbury.

L'américain a grimpé les échelons jusqu'au sommet grâce à un mental d'exception qui combine une vision optimiste du monde, une persévérance à toute épreuve, une croyance en un futur positif, une résilience pour supporter les échecs répétés, et une motivation pour ne rien lâcher.

J'ai d'ailleurs constaté que ceux qui sont dotés de cet état d'esprit réussissent, ou sont capables de le faire. A contrario, ceux qui ne l'ont pas échouent, peu importe leur investissement.

Au-delà de cet exploit sportif, Fosbury a aussi révolutionné le saut en hauteur avec cette technique en rouleau dorsal au lieu du traditionnel rouleau ventral. Cette pratique est nommée depuis ce jour mythique le « fosbury-flop », en hommage à ce champion d'exception. C'est devenu aujourd'hui la méthode utilisée par tous les sauteurs en hauteur.

En économie, on qualifie de disruption une innovation qui place son inventeur en situation de monopole. C'est ce qui s'est passé après le saut de Dick Fosbury. Le champion a réussi grâce à son état d'esprit persévérant et sa faculté de percevoir le monde autrement. Il a changé de perspective et dépassé ses propres croyances limitantes.

Cela n'a pas été facile pour autant. Dick Fosbury a essuyé de nombreux échecs. Le champion américain a souffert de plusieurs blessures au cours de sa carrière en perfectionnant sa méthode. Il s'est néanmoins inlassablement relevé de ses chutes. Peu de personnes le soutenaient à l'époque, car sa façon de sauter était totalement inédite. Les meilleurs athlètes préféraient suivre les techniques éprouvées. Même les arbitres étaient réticents et devaient sans cesse consulter les règlements pour s'assurer de la légalité des sauts de Dick. Cette forme de pression supplémentaire, Dick la transformait en moteur de réussite grâce à son état d'esprit d'exception.

Fosbury avait pour coutume de répondre aux journalistes : « On m'a répété à maintes reprises que je ne réussirais jamais, que je n'allais pas être compétitif et que la technique n'allait tout simplement pas fonctionner. Tout ce que je pouvais faire, c'était de hausser les épaules et de dire "Nous devrons juste voir". »

Cette histoire est représentative de l'importance de l'état d'esprit et de la façon de voir le monde autrement afin de libérer son potentiel, et réussir dans le sport et la vie.

Le jeu en vaut vraiment la chandelle, car comme l'avait compris le psychologue américain William James au 19e siècle :

« L'homme peut changer sa vie en changeant son état d'esprit. »

Les prochains principes vous feront voir les choses autrement et amélioreront votre état d'esprit.

PRINCIPE N°1

Changez votre état d'esprit pour changer votre vie

Repensez à l'histoire de Dick Fosbury et tirez profit de son état d'esprit pour obtenir le meilleur de vous-même. Changez de perspective aussi souvent que possible ! Ayez confiance en votre intuition. Chaussez vos baskets à trois bandes et foncez !

PRINCIPE N°2

SITE
99DESIGNS

ACCEPTER SA RESPONSABILITÉ

« La déception résulte d'une erreur d'appréciation ou un excès de confiance. »
Mazouz HACENE

Le livre que vous tenez entre les mains renferme une histoire secrète au sujet de sa couverture. Ce chapitre vous dévoile un principe fondamental à connaître si vous souhaitez vraiment libérer votre potentiel. Nous sommes samedi 4 janvier 2020 à Paris, et il fait déjà nuit dans les rues de la Ville lumière.

Fatigué d'essayer de créer par moi-même la couverture de ce livre, je décide enfin de recourir à un designer expert.

Après quelques recherches sur internet, je découvre la possibilité de faire travailler plusieurs designers professionnels, via un concours en ligne sur un site spécialisé.

Le principe est très simple : vous soumettez un cahier des charges avec vos attentes. Puis vous lancez un concours composé de deux phases. La première, dite de « préqualification », ouverte à tous, pendant laquelle j'ai reçu plus de trois cents couvertures (y compris les retouches). Puis la deuxième phase « finale » dans laquelle je sélectionne six finalistes pour aboutir au choix du design gagnant. Cette phase est réalisée en mode « invisible » : les designers ne sont plus en mesure de voir les compositions des autres participants.

Ce concours a duré une semaine, pendant laquelle j'ai participé à d'innombrables échanges passionnants avec ces professionnels sur les couleurs, les graphismes, les photos, le sens des images, l'harmonie.

J'ai même eu le temps de réaliser un sondage, grâce à une interface conviviale proposée par le site internet, auprès d'une trentaine de personnes de mon entourage, avant de sélectionner les six finalistes.

Une semaine est passée. Arrive le moment critique, où je dois décider d'un lauréat parmi la douzaine de couvertures encore en lice. Il me faut choisir une seule d'entre elles et éliminer cinq candidats.

Le choix est ardu humainement parlant, car je me suis prêté au jeu, et j'ai sympathisé avec ces professionnels créatifs. Je dois malgré tout sélectionner le gagnant, c'est la règle.

Je prends alors le soin d'annoncer à chaque finaliste pourquoi il n'est pas l'heureux élu. Je clique enfin sur le bouton dédié pour déclarer un vainqueur ! La couverture gagnante s'affiche au grand jour pour tous les participants. C'est celle que vous avez entre les mains !

Après cette annonce officielle, je reçois alors en retour, plusieurs messages des finalistes non retenus.

Le premier type de réaction est celui du designer fair-play. Il accepte la règle du concours, pense avoir fait de son mieux, et me félicite pour mon jugement sur les travaux reçus. Je partage avec lui mes impressions et je lui indique les points d'amélioration pour une fois prochaine.

Un autre me répond de façon laconique en feignant de ne pas être affecté par mon choix. Mais son court message en dit long, lui qui était si bavard pendant les échanges de courriels lors du concours. Je comprends, la nouvelle nécessite un peu de temps pour être digérée.

Enfin, le troisième designer m'exprime sa grande frustration. Il m'explique par plusieurs mails successifs qu'il est déçu d'avoir perdu, d'autant qu'il demeure persuadé que le vainqueur lui a volé toutes ses idées. Il cite alors toutes les ressemblances et accuse de tous les maux le gagnant désigné. Je lui réponds pour tenter de l'apaiser, en vain.

C'est l'état d'esprit de ce troisième designer et ses conséquences, qui sont intéressantes à analyser. En effet, vu de loin, il semblerait que le gagnant aurait utilisé des éléments ressemblants. La similarité n'est cependant que de façade, car il les a agencés de façon différente pour créer une harmonie et un sens à la couverture. Ce serait comme reprocher à un cuisinier étoilé de copier un confrère débutant, car il utiliserait les mêmes ingrédients de base. D'autant que mes figures imposées étaient nombreuses : le format, le texte, mes goûts en matière de couleur, de graphisme, etc.

Je retiens finalement de cette anecdote plusieurs enseignements. Cet état d'esprit de refuser de prendre ses responsabilités porte préjudice au designer déçu, pour plusieurs raisons :

Tout d'abord avec cette attitude, il se dévalorise et perd de l'estime de lui-même, alors qu'il était pourtant finaliste parmi une forte concurrence. Il impacte durablement son état d'esprit de façon négative.

Ensuite, en accusant son homologue de plagiat, son attitude de rejet lui interdit de voir ce qui est bien dans la composition gagnante et ce qu'il pourrait en retenir pour lui-même. Il aurait l'occasion de bénéficier d'une leçon de design et de s'en inspirer pour une autre fois. Il perd donc ce possible retour d'expérience.

De plus, le simple fait de ne pas accepter son entière responsabilité dans la défaite le conduira irrémédiablement à reproduire le même genre de situation désagréable.

Enfin, il donne une image négative à son client qui se culpabilise, et ne sera pas incité à refaire appel à lui, par peur de devoir affronter à nouveau cette réaction de non-acceptation du designer.

Bien entendu, laisser parler sa déception est un acte naturel et normal. C'est la façon dont il l'a exprimée, en reportant intégralement la raison de son échec dans l'attitude prétendue copiste du gagnant, qui est problématique.

Ce qu'il faut retenir de cette histoire, c'est ce principe : pour libérer votre potentiel et réussir dans la vie, il est essentiel d'accepter les conséquences de vos actions et d'en assumer l'entière responsabilité.

Tant que vous rechercherez des boucs émissaires ou des responsables de vos maux, vous serez sur une fausse route. Jim Rohn, un entrepreneur et conférencier américain avait coutume de dire : « Vous devez prendre votre propre responsabilité. Vous ne pouvez pas changer les circonstances, les saisons, ou le vent, mais vous pouvez changer vous-même. »

Avant de passer au chapitre suivant, une petite question subsidiaire : avez-vous fait attention au nombre de feuilles de la plante verte sur la couverture ? C'est l'un de ces petits détails qui a fait la différence entre le gagnant et les autres…

PRINCIPE N°2

Acceptez toujours 100 % de votre responsabilité

Pour libérer votre potentiel et transformer votre vie, il est essentiel d'accepter votre pleine et entière responsabilité tant dans vos succès que dans vos échecs.

PRINCIPE N°3

GARRI
KASPAROV

MAÎTRISER SES ÉMOTIONS

« L'émotion nous égare :
c'est son principal mérite. »
Oscar WILDE

Kimovitch secoue la tête. Il n'en revient toujours pas. Son regard se perd dans la salle. Nous sommes le 11 mai 1997 à New York.

Le champion du monde d'échecs Garri Kimovitch Kasparov affronte en match revanche le supercalculateur Deeper Blue de la société IBM.

Kasparov est complètement sonné, il vient de perdre la dernière partie et le match. Que s'est-il donc passé dans la tête du grand maître ? Qu'a-t-il fait pour en arriver à ce stade ?

Retournons au moment où tout a basculé dans la tête du champion. C'est la sixième et dernière partie du match. À égalité parfaite, le résultat de cette manche est décisif. Garri est nerveux. Il connaît bien les forces et faiblesses de la machine. Le champion du monde avait gagné contre Deep Blue en 1996. Cette fois-ci il affronte le plus puissant Deeper Blue qui mesure 1,80 m et pèse 1,4 tonne !

Kimovitch tente un coup de poker. Il vient de jouer un coup douteux pour un humain, mais normalement impossible à réfuter pour un robot calculateur à cause de l'effet d'horizon.

Cet effet est une conséquence de la capacité de calcul de Deeper Blue, certes énorme, mais physiquement limitée. Il existe toujours un moment où la machine n'est plus en mesure d'anticiper le prochain coup. Garri pose alors un vrai problème à Deeper Blue. Il a joué volontairement une position spécifique sur l'échiquier afin de le placer dans cette situation inconfortable.

En effet, le supercalculateur peut évaluer des variantes jusqu'à une profondeur de huit coups. Or, la machine a besoin de calculer ici jusqu'à dix mouvements de pièces pour découvrir la meilleure suite. Elle dépasse donc son point ultime de calcul.

De plus, le joueur russe sait que dans cette position, plusieurs suites sont perdantes et qu'une seule gagne. Les probabilités sont donc largement en faveur de Garri, d'autant plus que son adversaire électronique doit trouver le seul coup gagnant à l'aveugle, à cause de l'effet d'horizon.

Face à un adversaire humain, il n'aurait jamais joué ce coup de bluff, mais contre la machine, la tentation est trop forte. Et pourtant, à la grande surprise du champion russe, Deeper Blue répond comme un humain. Il trouve et joue le bon coup ! Garri sursaute de sa chaise, il secoue la tête et reste incrédule. Il cale son visage entre ses deux mains et plonge dans une intense réflexion.

On pourrait suggérer à Kasparov d'injecter de la rationalité pour contrecarrer ses émotions fortes. Rien n'est plus faux en réalité. Dès le 16e siècle, le philosophe Spinoza nous a avertis que la raison fait partie du spectre large des émotions, elle ne lui est pas extérieure.

Le neuroscientifique contemporain, Antonio Damasio, a confirmé cette intuition quatre siècles plus tard. Le chercheur a réalisé plusieurs expériences sur des malades blessés et privés de certaines parties du cerveau notamment celles responsables des émotions. Damasio a ainsi constaté que ces personnes, privées de leur capacité de ressentir des impulsions émotives, sont alors devenues incapables de prendre des décisions rationnelles. La raison a besoin des émotions pour exister, et constitue en réalité un type d'émotion singulière.

Aussi, il est inutile pour Kasparov, voire contre-productif, de vouloir essayer de supprimer ou d'étouffer ses émotions. Ce serait comme souffler sur des braises, le feu repartirait de plus belle. Il serait plus efficace pour Garri d'accepter la situation émotionnelle comme naturelle, sans la juger, ni la redouter.

Revenons donc au déroulement de la partie. Kasparov peut encore arracher le match nul en jouant une suite précise de coups. Mais il a totalement perdu le contrôle de ses nerfs. Ses émotions le submergent.

Garri ne tient plus sur sa chaise. Ses milliers d'heures d'entraînement intensifs ne lui sont plus d'aucun secours. Le monstre d'acier calcule plus de trois cents millions de positions par seconde. Deeper Blue a trouvé la bonne suite, et il ne lâchera pas sa proie. Garri le sait bien.

La sanction est sévère. Deeper Blue pulvérise l'ogre de Bakou en dix-neuf coups seulement. Dimanche 11 mai 1997, le jour où la machine a battu le champion du monde d'échecs en match officiel. Une date qui restera gravée à jamais dans l'histoire de l'humanité.

On retiendra qu'il est difficile d'essayer de « maîtriser » ses émotions même pour un champion du jeu d'échecs. Il est plus efficace de les accueillir en pleine conscience, c'est-à-dire sans les juger, ni les rejeter.

Cela me rappelle une vieille histoire indienne qui symbolise l'émotion par un éléphant domestiqué, et la raison par l'homme, le maître de l'animal.

L'éléphant possède une force énorme, mais sans son maître, il ne sait où aller et comment l'exploiter. Le maître, seul, est trop faible pour réaliser les travaux de force. Il tient néanmoins les rênes de l'animal et peut le guider, transformant ainsi son énergie potentielle en puissance. En revanche, lorsqu'il s'agit de lever un lourd tronc d'arbre, l'homme ne peut rien faire sans l'éléphant. Si d'aventure l'éléphant se met en colère, le maître ne maîtrise plus la situation et doit d'abord attendre qu'il retrouve son calme. Ils ont besoin l'un de l'autre pour exprimer pleinement leur potentiel. Un respect et une compréhension mutuelle sont donc le gage d'une bonne efficacité collective. La morale de cette histoire est simple : respectez votre éléphant !

Après sa défaite, pour tenter d'expliquer l'inexplicable, Garri accusera l'équipe d'informaticiens d'IBM d'avoir suggéré des coups humains à la machine. Ironie de l'histoire, on découvrira bien plus tard que c'était en réalité un simple bug informatique qui avait conduit Deeper Blue à jouer le coup décisif comme un humain. C'était ce qui avait fait basculer Kasparov dans l'incompréhension et l'irrationalité. Sans le vouloir (qui le sait vraiment ?), la machine a ainsi fait bugger à son tour le cerveau de Garri… en répondant au coup de bluff par une réplique à laquelle Kasparov ne s'attendait pas. Une victoire psychologique totale !

Cette histoire illustre à quel point nous sommes le jouet de nos émotions. Ce qui arrive au champion du monde des échecs peut aussi prendre vie dans notre quotidien. Le processus de changement nécessaire pour réussir dans la vie est enrayé par des émotions fortes qui nous submergent à tout moment.

Néanmoins des solutions existent afin de « gérer » ses émotions de manière plus « productive ». J'en citerai deux : la respiration pleine conscience et une technique de relaxation.

La respiration pleine conscience est reconnue pour son efficacité concernant la gestion de ses émotions. Cette méthode permet l'ancrage dans le moment présent à travers des cycles lents d'inspiration et d'expiration. Elle provoque un court-circuit émotionnel et fait redescendre la pression. Cette respiration pleine conscience restaure l'unité entre le corps et l'esprit. Elle vous aide à ralentir le flux continu de vos pensées et réfrène l'émergence de croyances limitantes en faisant taire votre égo. Elle accroît votre concentration pour atteindre l'état de flow, dont je reparlerai. Elle diminue votre niveau de stress par un mécanisme de synchronisation du cerveau. Bref, cette méthode efficace et gratuite est à consommer sans modération.

La deuxième solution est une méthode nommée la relaxation de Schultz. Il s'agit d'une courte méditation tirée de l'autohypnose, un phénomène naturel que nous expérimentons chaque jour sans même en avoir conscience. Cela se pratique en position assise, les yeux fermés, en se concentrant sur une série de suggestions pour induire des états corporels de bien-être. En partant de la tête jusqu'aux pieds, des phrases suggestives permettent de visualiser mentalement ses membres en train de se détendre, en ressentant successivement des impressions de lourdeur, de pesanteur, puis de chaleur de la partie du corps sur laquelle on se concentre. La régulation de son rythme cardiaque et respiratoire conduit ainsi à un état de complète relaxation.

Je ne m'attarderai pas plus ici sur ces deux méthodes classiques que vous trouverez assez facilement à l'aide de votre moteur de recherche.

À présent, revenons sur un autre point instructif du match Deeper-Blue-Kasparov. Garri comptait exploiter l'effet d'horizon, la seule faiblesse connue à l'époque des ordinateurs. Cet effet nous touche aussi d'une certaine manière, nous les êtres humains. Habituellement, nous n'avons pas accès à toutes les informations nécessaires pour prendre nos décisions de façon objective. Notre vision des choses est limitée par un angle mort, dont les côtés sont bornés par nos croyances limitantes, et qui restreint et/ou déforme la réalité. Ce phénomène ajoute à l'imprévisibilité de la vie et peut conduire à des décisions que l'on qualifie après coup d'irrationnelles. Là encore, il s'agit de voir les choses autrement et accepter la situation telle qu'elle se présente à nous.

Pour conclure, après son exploit fantastique, Deeper Blue n'a reçu ni médaille ni trophée. La charte éthique de protection des ordinateurs n'ayant pas encore été créée, il a été intégralement démonté par les ingénieurs d'IBM. Seuls certains de ses composants ont terminé leur vie au musée de l'histoire de l'ordinateur de Mountain View en Californie aux États unis. À la fois, une immense victoire et une triste fin pour l'ordinateur le plus puissant au monde en 1997.

PRINCIPE N°3

Respectez vos émotions sans les juger

Comme nous l'a montré Kasparov à son détriment, il est difficile de maîtriser les émotions qui nous gouvernent. Cherchez plutôt à les accueillir pleinement sans les juger. Installez-vous confortablement, puis respirez calmement et profondément ! Pratiquez aussi souvent que vous le pouvez la respiration pleine conscience ou la relaxation de Schultz. Laissez descendre la pression et profitez de la vie !

PRINCIPE N°4

MICHAEL CHANG

L'ART DE FRANCHIR LES OBSTACLES

« Ce n'est pas le chemin qui est difficile,
c'est le difficile qui est le chemin. »
Soren KIERKEGAARD

Michael ne tient plus sur ses jambes. Il souffre de terribles crampes aux mollets. Nous sommes le 5 juin 1989 à Paris. Sur le court central de Roland-Garros se joue un match d'anthologie des huitièmes de finale du tournoi de tennis.

Michael Chang, un américain de dix-sept ans, 19e au classement mondial de l'ATP, affronte depuis des heures Ivan Lendl, le numéro un mondial. Le redoutable joueur tchèque est un véritable bulldozer : il a remporté trente-six de ses trente-huit derniers matchs depuis le début de l'année 1989.

Michael a tout donné. Ses douleurs musculaires sont intenses. D'abord mené par deux manches, l'américain a égalisé laborieusement à deux partout pour finalement reprendre l'avantage au score dans la cinquième manche. Le jeune tennisman s'est surpassé ! Il mobilise désormais ses dernières forces mentales pour secourir son corps lessivé.

Bien des joueurs auraient craqué ou abandonné dans cette situation, mais pas lui. Dans la tribune, sa mère, filmée à son insu, inspire et expire avec des gestes amples et bien visibles par son fils. Elle lui transmet à distance son énergie vitale pour qu'il puisse tenir le coup.

Nous sommes dans la cinquième manche, Chang mène désormais d'un jeu. Michael, épuisé, s'apprête à abandonner et se rassure en se disant : « Si j'arrête maintenant, ce n'est finalement pas une mauvaise chose. J'ai dix-sept ans, je joue contre le numéro un mondial. Je suis sur le court central à Roland-Garros, au cinquième set. »

Alors qu'il avance vers la chaise de l'arbitre australien lui apparaît une pensée fulgurante : « si je quitte le court maintenant, est-ce que je veux que le public se souvienne de moi comme celui qui a abandonné à Roland-Garros ? »

Il se ravise et reprend le cours du match. Entre deux échanges, il effectue des flexions pour calmer ses douleurs. Il parvient à tenir l'écart. Dans la cinquième manche, il mène au score par 4-3, service à suivre. Michael tente alors le tout pour le tout.

À la surprise générale, il réalise un « service à la cuillère » doté en plus d'un léger effet de rotation. Lendl, abasourdi, remonte vite du fond du court, renvoie la balle in extremis du bout de la raquette, mais ne peut répondre au retour en coup droit très puissant de Chang. Lendl se retourne vers Richard Ings pour protester du regard. L'arbitre australien ne bronche pas. Il n'avait aucune raison de dire ou faire quoi que ce soit. L'américain remporte donc le point et le jeu. Inouï à ce niveau de la compétition. Ce serait comme tenter le mat du berger – c'est le mat du débutant - face au champion du monde d'échecs.

Le géant tchèque est complètement déstabilisé, le match vient de basculer dans sa tête, il sait que son jeune adversaire ira jusqu'au bout de lui-même.

Celui qui dispose d'un avantage n'a pas toujours la tâche facile lorsqu'il rencontre un défenseur opiniâtre. En effet, une défense active constitue en soi un obstacle supplémentaire à franchir pour l'attaquant. Elle peut aussi lui saper le moral, surtout lorsqu'il s'est relâché trop tôt, pensant gagner facilement la partie.

De plus, certains attaquants interpréteront toute résistance comme un affront sur le plan moral. C'était le cas pour Lendl. Cette attitude se traduit en général par une perte de concentration. Celui qui dispose de l'avantage peut également devenir plus crispé, avoir le poids sur les épaules de devoir le transformer en victoire.

Par ailleurs, celui qui se défend est souvent plus concentré, à l'affût de la moindre occasion de se refaire. Le sentiment inconscient d'avoir déjà perdu, et donc de ne plus avoir rien à perdre, peut favoriser son relâchement et se traduit souvent par un meilleur niveau de jeu.

Ainsi, l'effet cumulé, de l'attaquant qui se déconcentre, se crispe ou s'impatiente, et du défenseur qui est relaxé, plus concentré et opiniâtre peut conduire à des renversements de situations. Celui qui croyait gagner finit par perdre le fil et la partie. On ne compte plus le nombre de cas dans l'histoire du sport ni dans la vie en général.

Revenons sur le court central. Arrive la balle de match, avec le service à suivre par Lendl. L'américain épuisé, marche toujours péniblement. Comme un débutant, Michael se positionne alors proche de la ligne de demi-carré de service, pour attendre l'engagement du numéro un mondial.

Lendl est fou de rage et se plaint à nouveau à l'arbitre, en vain. Plusieurs secondes s'écoulent. Le public est très bruyant et l'ambiance est survoltée. Ivan demande de bénéficier de deux nouvelles balles, ce que l'arbitre refuse. Le champion tchèque est totalement déconcentré, le corps crispé, les yeux hagards. Sa deuxième balle tape la bande et ricoche à l'extérieur du carré. Chang tombe à terre, épuisé, en larmes et heureux. Il vient de remporter ce match marathon en cinq manches.

Cette victoire le propulse en quart de finale, où il bat en quatre manches seulement le rusé joueur haïtien, Ronald Agénor. Michael ne s'arrête pas en si bon chemin. Il affronte ensuite le prodige russe Andréi Chesnokov en demi-finale, et finit par remporter ce match. Puis arrive enfin le dénouement tant attendu, face à l'immense Stephen Edberg, futur numéro un mondial en 1990. Au cours de ce combat épique en cinq manches, Michael sauve dix balles de break d'affilée ! Une ténacité incroyable qui devient sa marque de fabrique. Sa persévérance finit par payer, et il bat avec panache le grand champion suédois.

Michael Chang est ainsi devenu le plus jeune vainqueur, à seulement dix-sept ans et trois mois, à remporter le tournoi de Roland-Garros.

L'histoire du tennis retiendra cette image du joueur impertinent et combatif qui osa servir à la cuillère dans un match du grand Chelem face au numéro 1 mondial. Certains pourraient être agacés par le comportement de ce jeune tennisman. Pourtant, il n'a enfreint aucune règle du jeu. Il s'est juste adapté à la situation et il a fait du mieux qu'il pouvait. Finalement peu importe ce que l'on peut penser du comportement de Chang à l'époque. Cette histoire illustre le fait que la persévérance est une force puissante pour franchir des obstacles apparemment insurmontables.

A contrario, du côté de Lendl, cela montre aussi le revers de la médaille. Le géant d'Ostrava n'a pas réussi à faire face à l'imprévisible nouveauté et son mental a flanché face à l'impertinence et l'obstination du jeune Américain.

Cette histoire est riche en enseignements. On retiendra tout d'abord que le mental peut prendre le relais d'un corps épuisé. On se souviendra aussi de la puissance de l'état d'esprit positif surtout dans des situations quasiment sans espoir. On soulignera enfin la persévérance et la détermination dont a fait preuve Michael Chang. Celles-ci ont fortement contribué à le faire tenir debout, au sens propre comme au figuré, et à saper dans le même temps le moral de son adversaire.

De plus, son service à la cuillère était une remarquable manœuvre de diversion. Michael réussit à détourner son illustre adversaire de son jeu optimal. Cette distraction a ainsi provoqué la déconcentration de Lendl, lui faisant oublier qu'il affrontait un joueur facile à battre, car à bout de forces.

Aujourd'hui encore, trente ans après ce match d'anthologie, Ivan Lendl, devenu depuis entraîneur de jeunes champions, doit toujours répondre à des questions — irritantes pour lui — concernant ce match du 5 juin 1989 où tout a basculé !

Les situations similaires se rencontrent dans la vie quotidienne. Cet exemple démontre en tout cas que la persévérance et la volonté de ne pas abandonner trop tôt dans des moments difficiles sont un facteur essentiel de réussite. Souvenez-vous-en pour les actions que vous souhaitez accomplir dans votre vie, notamment face à des difficultés.

Pensez à utiliser l'idée symbolique du « service à la cuillère » pour déstabiliser votre adversaire du jour. Notez au passage que cet adversaire c'est parfois vous-même.

En un mot, si vous souhaitez libérer votre potentiel et accomplir ce que vous voulez vraiment dans votre vie, un principe que je vous invite à suivre le plus souvent possible : n'abandonnez jamais, persévérez toujours !

Dans mon expérience de joueur d'échecs de compétition, j'ai rencontré fréquemment cette situation. J'ai ainsi sauvé de nombreuses parties où j'étais objectivement perdu, du simple fait d'un relâchement de l'adversaire et d'une volonté de ne pas abandonner la partie tant qu'un espoir subsistait.

Ce problème est tellement important que le second champion du monde, le grand maître allemand Emmanuel Lasker, avait coutume de dire dans les années 1920 : « Le plus difficile aux échecs, c'est de gagner une partie gagnée. »

Une stratégie classique consiste non pas à défendre passivement sa position en espérant que ça tienne, mais plutôt à créer des petits problèmes de façon continue à l'adversaire, en mode guérilla urbaine. L'idée est de concevoir une forme de disruption mentale et de provoquer des erreurs chez son adversaire. Tout comme l'a fait Chang avec son service à la cuillère. Bien entendu, je me suis aussi retrouvé du côté du joueur détenant l'avantage. J'ai alors pris pour habitude de rester encore plus concentré et vigilant dans cette situation. C'est du moins ce que je conseille aux joueurs que j'accompagne en coaching mental. Tenez-vous-le pour dit.

PRINCIPE N°4

Persévérez toujours, n'abandonnez jamais

Inspirez-vous de la ténacité de Michael Chang pour trouver les ressources en vous. Faites toujours en sorte de persévérer dans l'action et n'abandonnez jamais notamment dans les moments difficiles. Quand la situation vous semble sans espoir, souvenez-vous de l'idée symbolique du service à la cuillère et rendez la tâche la plus compliquée possible à votre adversaire. Ce principe est essentiel pour devenir le meilleur de vous-même et réussir dans votre vie.

PRINCIPE N°5

SOCRATE

SECRETS DE PHILOSOPHES

« Le monde dans lequel chacun vit
dépend de la façon de le concevoir. »
Arthur SCHOPENHAUER

Au printemps de l'an 399 av. J.-C. à Athènes, à demi assis sur son lit et la main gauche pointée vers le ciel, un vieil homme en toge blanche s'apprête à boire son dernier breuvage. Les Athéniens l'ont condamné à absorber un poison mortel, la ciguë.

C'est de Socrate qu'il s'agit, l'un des plus grands philosophes grecs de l'antiquité. L'artiste français Jean-Louis David a peint cette scène en 1787 dans un tableau intitulé *La mort de Socrate*.

Le légendaire Socrate n'a laissé aucune trace écrite de son vivant. C'est son disciple, l'illustre Platon, qui s'est chargé de maintenir l'image du maître au travers de ses œuvres.

La figure de Socrate a fait couler beaucoup d'encre depuis deux mille cinq cents ans. Nous ne nous livrerons pas à un tel exercice ici, rassurez-vous. Ce qui nous intéresse, c'est le thème central de la pensée socratique, c'est-à-dire le rapport à la connaissance et au savoir.

Socrate, après avoir interrogé l'oracle de Delphes, apprend qu'il est le plus sage des hommes. Or, il reconnaît lui-même son ignorance dans les affaires de ses semblables.

Si l'oracle dit vrai sur sa sagesse supérieure, Socrate en conclut alors que ce doit être parce qu'il est le seul à avoir pris conscience de son ignorance. Sa formule célèbre devient par conséquent : « La seule chose que je sais, c'est que je ne sais rien. » Cette devise s'impose comme le fil rouge de toute sa philosophie.

Au-delà de cette citation, il découvre ainsi une vraie mission de vie, et un état d'esprit qui remet tout en question. Au lieu d'affirmer que « les choses sont ainsi », Socrate renverse la problématique en questionnant sans cesse ses interlocuteurs par un : « Crois-tu que les choses sont ainsi ? »

Le philosophe voit donc désormais la vie autrement et il décide que sa tâche première sera d'éclairer les hommes sur leur ignorance d'eux-mêmes.

C'est ainsi que sa devise s'est transformée par un renversement positif en « *connais-toi toi-même !* » en grec « gnôthi seauton ». Cette maxime est également inscrite sur le fronton du temple de Delphes. Elle nous invite à l'introspection et au chemin vers le savoir, en commençant par nous-mêmes.

Cette formule « connais-toi toi-même » répétée des milliers de fois reste toutefois mal comprise, car elle est souvent citée sous une forme tronquée. On oublie en effet de préciser la recommandation suivante gravée aussi sur la pierre : « rien de trop » ou « n'en fais pas trop ».

La devise complète est donc : « Connais-toi toi-même, n'en fais pas trop. » Ainsi, il ne s'agit pas de pratiquer un exercice d'introspection pour découvrir la vérité sur soi, mais de connaître ses propres limites afin de « ne pas en faire trop » ! L'injonction « connais-toi toi-même » ne représente pas une finalité de la recherche de soi par soi, mais constitue en vérité un point de départ. Elle nous invite à nous interroger — en toute honnêteté — sur nos capacités afin d'agir « sans trop en faire ».

Mon conseil est donc le suivant : connaissez mieux vos propres limites et essayez de vivre en harmonie avec elles.

On pourrait également interpréter à tort le principe « connais-toi toi-même », en imaginant que le premier « toi » inviterait à l'introspection, en oubliant finalement les autres. En réalité, vous avez besoin des autres pour mieux vous connaître. Nos semblables, en qualité de miroir, sont très utiles pour identifier les effets de l'interaction sociale sur notre comportement et pour découvrir notre propre visage. Ne restez donc pas seuls avec vous-même, aidez-vous les uns les autres et vous apprendrez à beaucoup mieux vous connaître.

Par ailleurs, pour ceux qui sont à la recherche d'une philosophie de vie, je vous propose de réfléchir au principe du « juste milieu », introduit par un philosophe grec Aristote.

Attention toutefois au contresens que peut susciter cette formule. En effet, le juste milieu n'est pas une moyenne arithmétique entre deux extrêmes, mais la juste proportion optimale entre ces deux pôles, un sommet entre le défaut et l'excès d'une chose.

Ce juste milieu entre également en résonance avec un autre principe, celui de « vie raisonnable », mis en avant par un autre philosophe du 16e siècle, j'ai nommé Baruch Spinoza. Selon le penseur hollandais, le principe de plaisir n'est pas en soi une mauvaise chose. Au contraire, il s'agit de le rechercher comme un bien, car il nous rend plus puissants, parfaits et sages. Par ailleurs, la sagesse ne consiste pas à le rejeter d'un bloc, mais de prendre plaisir en usant des choses avec modération.

La vie idéale proposée par Spinoza se veut alors raisonnable, c'est-à-dire à la fois modérée et fondée sur la raison. Selon lui, nous devrions utiliser notre raison pour choisir ce qui est bon pour nous, nécessaire à l'accroissement de notre essence, et rejeter tout ce qui diminue notre puissance d'être.

PRINCIPE N°5

Connaissez vos limites, rien de trop

Comme indiqué sur le fronton du temple de Delphes, connaissez vos limites, mais rien de trop. Acceptez la réalité comme elle se présente à vous. Cultivez des plaisirs raisonnables et optez pour des expériences profondes plutôt que trop stimulantes. Inspirez-vous des idées des grands penseurs : pratiquez aussi souvent que possible la philosophie du « juste milieu » et de « la vie raisonnable ». Cela sera un investissement très « rentable » sur le long terme pour votre bien-être corporel et psychique.

PRINCIPE N°6

ENZO MAIORCA

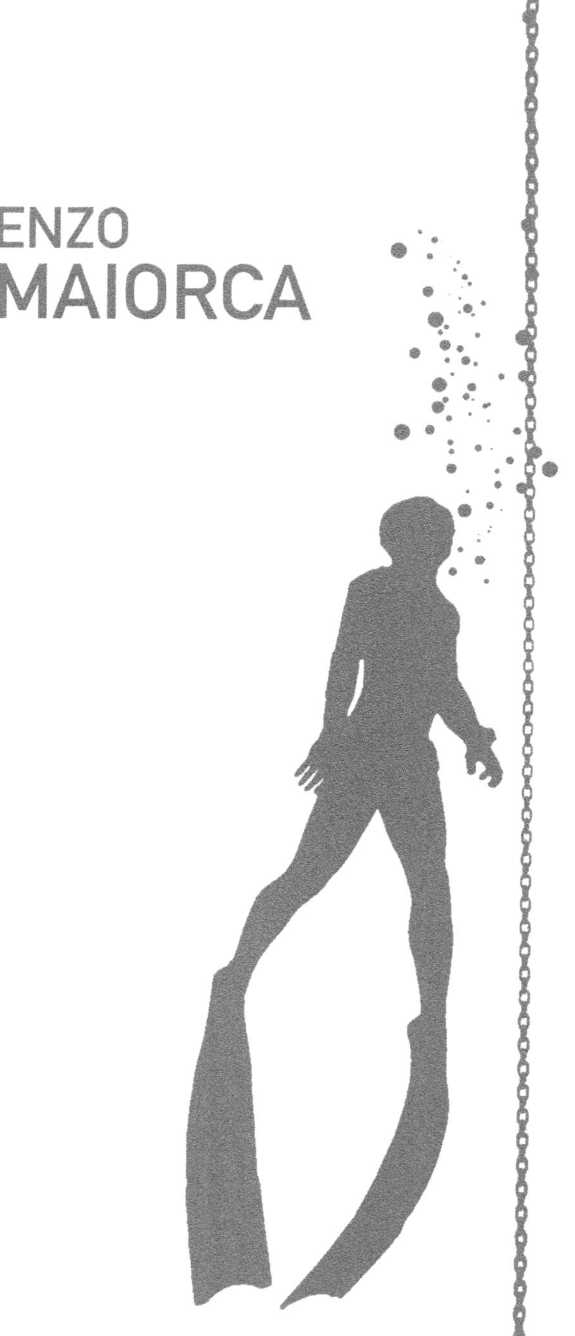

L'IMPORTANCE DE LA CONCENTRATION

*« Au fond, tout est plus foncé, plus froid.
Alors le retour vers la lumière est incroyable. »*
Aurore ASSO

Nous sommes le 15 août 1961 en Sicile. Le ciel est dégagé, la surface de l'eau est calme, le soleil tape fort. Le plongeur sort enfin. Les médecins l'avaient prévenu : « N'allez pas à 50 mètres, le corps humain n'y résiste pas. Vous allez exploser. » Pourtant, il devient ce jour-là, le premier homme à descendre en apnée à plus de cinquante mètres de profondeur.

Cet homme, c'est Enzo Maiorca, celui qui a inspiré le héros du film de Luc Besson, *Le Grand Bleu*. Le plongeur italien pratique l'apnée dite « no limit ». L'apnéiste descend à l'aide d'une gueuse, un lest d'une trentaine de kilos environ, puis remonte grâce à un ballon gonflé d'air. Enzo établira son dernier record en 1988, l'année de sortie du Grand Bleu, en plongeant à cent un mètres de profondeur dans la baie de Syracuse.

Au-delà de son travail immense et de ses capacités physiques extraordinaires, il lui aura fallu développer un état de concentration absolu. Afin d'y parvenir, Maiorca a travaillé sa vitesse à rentrer rapidement en état de flow. Le flow est un état mental atteint par un individu lorsqu'il est complètement plongé (sans jeu de mots) dans une activité et qu'il se trouve dans un état optimal de concentration.

Cet état a été mis en évidence par le psychologue hongrois Mihaly Csikszentmihalyi. Le plongeur en apnée concentré en pleine descente symbolise assez bien cet état.

C'est un état mental où votre motivation se trouve au pic et votre performance au sommet. Un état dans lequel vous exécutez facilement une tâche, en étant engagé, concentré et juste satisfait dans son accomplissement.

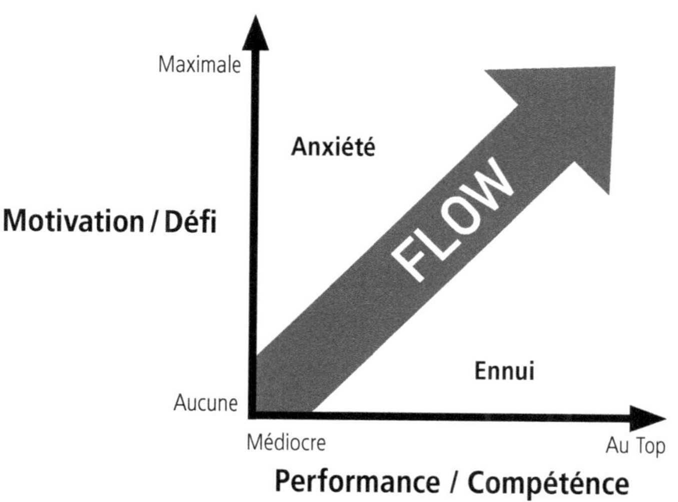

Comme le montre la courbe précédente, le flow agit donc directement sur votre motivation et sur vos résultats. Si vous réalisez une tache avec de faibles enjeux, et pour laquelle votre compétence est trop élevée, vous ressentirez alors l'ennui puis la perte de motivation. En revanche, si vous effectuez une tâche aux enjeux conséquents (défi élevé), mais avec un sentiment que la tâche est trop difficile pour vous (au-delà de vos capacités) alors vous entrez en zone d'anxiété ou de panique. L'état de flow est celui où votre capacité de faire et le niveau du défi pour réaliser l'activité sont en parfaite cohérence, ni trop haut ni trop bas.

Pour y entrer, il vous faut donc d'abord rechercher et trouver le bon dosage entre vos capacités (réelles) et le niveau de défi de l'activité que vous pratiquez. Vous pouvez y parvenir par exemple en diminuant votre niveau de défi eu égard à vos compétences. Vous gagnerez en détermination et atteindrez plus facilement vos résultats.

Une autre technique pour entrer en état de flow, appliquée par tous les grands sportifs, est de pratiquer une routine avant de démarrer l'activité. Cela permet d'y entrer de façon accélérée. Les techniques de respiration pleine conscience permettent d'atteindre plus vite cet état.

Il est donc important que vous calibriez votre niveau d'exigence (votre défi) en fonction de vos capacités réelles d'accomplir votre objectif (libérer votre potentiel). C'est un facteur essentiel de motivation et de réussite. Rien ne vous empêche d'ailleurs de viser des objectifs plus modestes dans un premier temps, pour ensuite augmenter progressivement le niveau de défi. Vous aurez gagné, chemin faisant, de la compétence et de la confiance. Vous serez alors beaucoup plus en capacité de triompher de votre prochain palier de progression, jusqu'à atteindre des profondeurs inexplorées…

Près de trente ans après le premier record de Maiorca, les apnéistes ont finalement réussi à franchir dès 1992 la barre fictive des cent vingt mètres imaginée dans Le Grand Bleu. L'apnéiste autrichien Herbert Nitsch est même descendu jusqu'à une profondeur de deux cent quatorze mètres (record homologué) en 2007 dans les eaux de Spetses en Grèce, puis à deux cent cinquante-trois mètres en 2012 (record non homologué). Les médecins de Maiorca seraient très stupéfaits d'apprendre d'une telle nouvelle !

PRINCIPE N°6

Restez concentrés et pratiquez des routines

Pour libérer pleinement votre potentiel, restez concentré dans vos actions et vos objectifs. Pensez à calibrer votre défi selon votre niveau réel de compétence afin d'atteindre l'état de flow, un état optimal de concentration et de performance. La mise en place de routines ou la pratique de la respiration pleine conscience aident grandement à l'atteinte rapide et durable de cet état.

PRINCIPE N°7

ROGER
FEDERER

LE PRINCIPE DE VINGT-QUATRE HEURES

« Le véritable talent est de réagir de la même façon devant la victoire et la défaite. »

Chris EVERT

Nous sommes le 14 mai 2001 dans une grande ville portuaire du nord de l'Allemagne. Roger se souvient encore, comme si ça s'était passé hier, de son match contre le talentueux joueur argentin.

« Je me souviens très bien, c'était à Hambourg contre Squillari. (...) Balle de match contre moi, je joue un bon point, je monte au filet et il frappe un passing croisé en revers. Je rate la volée et la balle passe juste entre ma raquette et le court.

Je me dis alors : "Bon sang, mais qu'est-ce que je suis en train de faire !" J'explose ma raquette. Je jure alors dans ma tête : "À partir de maintenant, je ne dirai plus un mot". »

Le match de tennis achevé, les deux joueurs se serrent la main. Après sa défaite contre l'Argentin en deux manches 6/3 - 6/4, le jeune Federer brise sa raquette sous la chaise de l'arbitre.

C'est à ce moment précis que Roger comprend qu'il doit modifier son comportement s'il souhaite devenir un jour un grand champion. Cette prise de conscience et le changement d'état d'esprit qui ont suivi, lui ont permis d'atteindre dans la même année et pour la première fois, les quarts de finale des tournois de Miami puis de Monte-Carlo. Il franchit alors une étape décisive dans sa carrière. Depuis, il est devenu l'un des meilleurs joueurs de tennis — et l'un des plus grands sportifs — de tous les temps.

Par ailleurs, j'en profite pour attirer votre attention sur un point important. À l'instar de ce champion d'exception, je vous suggère d'adopter, lorsqu'il s'agit de fixer vos objectifs, une posture ambitieuse mais aussi réaliste, sans être réduite pour autant. Vous pouvez bien sûr visualiser la vie de vos rêves, mais avec la vision d'un idéal possible de façon réaliste selon votre situation. Ainsi, au lieu d'être continuellement déçu de ne pas atteindre vos rêves les plus fous (car irréalistes), vous vous surprendrez à finalement concrétiser des rêves réalistes. Ceci vous motivera encore plus pour aller plus loin, et pourquoi pas un jour à accomplir vos rêves. Par ailleurs, n'oubliez pas que votre réussite ne dépend pas uniquement de la quantité d'efforts que vous serez à même de produire. Il faut également prendre en compte le facteur chance et les contingences de l'existence.

Revenons au sujet principal. Au-delà du palmarès impressionnant et inégalé de Federer, de cent trois titres en simple et de huit en double messieurs, on retiendra ici ses performances mentales hors du commun.

Au cours de sa carrière, ce grand champion a connu à la fois de très grandes joies, en gagnant plus de vingt titres du Grand Chelem, mais aussi d'immenses déceptions en perdant plus de cinquante finales. Ce sont des moments intenses dans la vie d'un sportif de haut niveau, avec son lot d'émotions fortes positives ou négatives.

Au fil du temps, Roger a constaté qu'il prenait souvent de mauvaises décisions pendant les heures qui suivaient un match capital, surtout lorsqu'il avait vécu de fortes émotions.

Sur cette base, le champion de tennis a inventé ce qu'il appelle le principe de vingt-quatre heures. Après une défaite douloureuse ou une victoire euphorisante, il ne prend aucune décision importante pour sa vie, dans un délai d'une journée minimum. Le tennisman laisse alors la pression redescendre à un niveau normal ou acceptable.

Boris Cyrulnik confirme le bien-fondé de cette pratique dans son dernier ouvrage Sport et Résilience, en indiquant aussi que Federer a établi sa règle de vingt-quatre heures et qu'après une défaite, il ne prend aucune décision importante dans ce délai. Le neuropsychiatre poursuit en précisant : « Federer laisse refroidir le moteur et consulte sa garde rapprochée pour prendre la meilleure et ultime décision possible, pendant que d'autres céderaient à leur impulsivité, risquant de ne pas pouvoir revenir sur leurs actes ou leurs jugements pris à la hâte. »

Non seulement Roger se préserve de faire des erreurs en temporisant vingt-quatre heures, mais encore, il confie à sa « garde rapprochée » le soin de le protéger et de l'aider à bien se positionner, pendant cette période dangereuse d'un point de vue émotionnel.

Ainsi, pour faire face à une tension émotionnelle forte (positive ou négative), je vous préconise d'augmenter votre temps de réaction. Autrement dit, je vous conseille de ne pas réagir à chaud et de laisser au moins une journée, voire deux, avant de prendre des décisions vraiment importantes.

J'utilise souvent cette méthode simple et efficace dans ma vie quotidienne lorsque je suis confronté à une situation similaire.

PRINCIPE N°7

Pratiquez le principe de vingt-quatre heures

Lorsque vous vivez des émotions fortes, qu'elles soient positives ou négatives, pensez à patienter pendant un délai de vingt-quatre heures (minimum) avant de prendre des décisions ayant un impact important sur votre vie. Ne réagissez pas dans l'instant et laissez passer le temps nécessaire. Par ailleurs, soyez à la fois ambitieux et réaliste lorsqu'il s'agit d'imaginer la vie de vos rêves. Cela vous permettra d'atteindre plus facilement vos objectifs même les plus fous.

PRINCIPE N°8

BENJAMIN
FRANKLIN

ADOPTER DE BONNES HABITUDES

« Les êtres humains préfèrent souvent aller à leur perte plutôt que de changer leurs habitudes. »
Léon TOLSTOÏ

Né à Boston (États-Unis) en 1706, Benjamin est le dernier d'une famille de 17 enfants. En 1723, le jeune homme rejoint la Philadelphie où il fondera plus tard une imprimerie. Grâce à ses talents d'écrivain, il fait bientôt de la Pennsylvania Gazette, le journal le plus lu des colonies anglaises d'Amérique.

Brillant inventeur, en 1752 il profite d'un violent orage pour capter l'électricité atmosphérique à l'aide d'un cerf-volant. Il démontre ainsi la nature électrique de la foudre et invente le paratonnerre. Il découvre aussi les lentilles à double foyer et il dresse la première carte du Gulf Stream en 1775.

Parallèlement à son activité d'inventeur, de physicien et d'écrivain, il mène une carrière politique tout aussi remarquable. Député au Congrès américain en 1774, il est le premier ambassadeur des États-Unis à la cour du roi de France. En 1776, Benjamin rédige partiellement et signe la Déclaration d'indépendance des États-Unis. C'est l'un des Pères fondateurs des États-Unis.

Ce personnage unique, c'est Benjamin Franklin. Cet humaniste américain fut écrivain, scientifique, physicien, naturaliste et homme politique. Franklin demeure l'un des personnages les plus populaires de l'histoire des États-Unis.

Parmi ses nombreuses activités, il s'intéressait tout particulièrement aux façons de changer son comportement pour améliorer sa vie.

Il avait ainsi coutume de dire : « Notre valeur nette vis-à-vis du monde est généralement déterminée par ce qui reste après que nos mauvaises habitudes ont été retirées des bonnes. »

Benjamin Franklin a mis en œuvre un système d'organisation original afin de parvenir à ce qu'il appelait la perfection morale (à prendre au sens large de l'époque).

Pour ce faire, il avait conscience que sa motivation ou son bon sens seuls seraient insuffisants pour le prémunir de tout faux pas. Selon lui : « Le bon sens est quelque chose dont tout le monde a besoin, peu l'ont, et aucun ne pense qu'ils manquent. »

Il décida de rompre avec ses mauvaises habitudes, d'en acquérir de meilleures comme base de sa conduite régulière.

Pour y parvenir, il identifia d'abord treize vertus (bonnes habitudes de vie) à pratiquer. Son objectif était de convertir ces vertus en habitudes inconscientes.

Ce qui nous intéresse ici, c'est l'idée du système qu'il a mis en place pour traquer ses mauvaises habitudes et pour en installer de nouvelles. Il s'y est pris de façon méthodique, en se concentrant sur une habitude à la fois pendant un certain temps, et ce jusqu'à adoption complète de chacune des treize vertus.

Il a alors créé un tableau avec sept colonnes pour chacun des jours de la semaine, ainsi que treize lignes représentant les vertus. Lorsque l'une d'elles (un objectif ou une bonne habitude, dirions-nous de nos jours) était remplie dans la journée, il cochait d'un point la case appropriée. Sa méthode empirique était basée sur un cycle de treize semaines, soit une semaine pour adopter chaque vertu.

C'est l'ancêtre des méthodes actuelles de réalisation de soi, qui préconisent un délai de vingt et un jours pour changer une habitude. Les études scientifiques ont récemment démontré qu'il faut en réalité soixante-six jours calendaires pour modifier une habitude.

Benjamin Franklin était très lucide pour l'époque. Loin de croire qu'il parviendrait à exécuter entièrement son plan, il savait aussi que le nombre final de vertus intégrées importait peu en réalité. Ce serait de toute façon bénéfique pour lui d'essayer plutôt que de ne rien tenter sous prétexte d'un échec éventuel.

TEMPÉRANCE
Ne mangez pas jusqu'à vous appesantir, ne buvez pas jusqu'à vous échauffer.

L	M	M	J	V	S	D

SILENCE
Ne parler que de ce qui peut être utile aux autres ou à soi, éviter les conversations oiseuses

L	M	M	J	V	S	D

ORDRE
Que chaque chose soit à sa place, que chaque partie du travail soit faite en son temps

L	M	M	J	V	S	D

RÉSOLUTION
Prendre la résolution de faire ce qu'on doit. Exécuter sans défaillance ce qu'on a résolu de faire

L	M	M	J	V	S	D

FRUGALITÉ
Ne dépenser que pour le bien des autres ou le sien. Ne rien gâcher

L	M	M	J	V	S	D

ASSIDUITÉ
Ne pas perdre de temps ; avoir toujours une occupation utile, supprimer le superflu.

L	M	M	J	V	S	D

SINCERITÉ
Ne jamais user de superficie. Etre équitable et sans calcul et refléter cet état d'esprit dans ses rapports avec les autres.

L	M	M	J	V	S	D

TABLEAU DES 13 VERTUS DE BENJAMIN FRANKLIN

MODÉRATION
Éviter les extrêmes ; ne pas prendre trop à cœur les injustices.

L	M	M	J	V	S	D

PROPRETÉ
Ne tolérez aucune malpropreté physique sur soi ou chez soi.

L	M	M	J	V	S	D

HUMILITÉ
Imiter Jésus ou Socrate

L	M	M	J	V	S	D

JUSTICE
Ne pas faire de tort, ne pas porter préjudice, ne pas omettre de verser ce qu'on doit.

L	M	M	J	V	S	D

CHASTETÉ
Se livrer rarement aux plaisirs de la chair, et seulement par souci d'hygiène ou comme exutoire à un trop-plein d'énergie, mais jamais par ennui, faiblesse ou au risque de perdre sa propre paix et sa réputation, ou celle de sa compagne.

L	M	M	J	V	S	D

TRANQUILITÉ
Ne pas se tracasser pour des riens, ou pour des petits incidents courants et inévitables.

L	M	M	J	V	S	D

Franklin affirmait à ce propos : « En vous améliorant, le monde s'améliore. N'ayez pas peur de progresser trop lentement. N'ayez peur que de rester immobile. » Un modèle de pragmatisme avant l'heure. Je dirai même qu'il était le précurseur des coachs en développement personnel.

Comme Franklin, nous sommes tous façonnés par nos habitudes. Il est difficile d'y échapper, d'autant plus que nous avons tout avantage à l'être. En effet, d'un point de vue purement physiologique, nous avons intérêt à dépenser le moins d'énergie possible pour les tâches répétitives. Notre cerveau doit d'abord assurer nos fonctions vitales et notre conservation tout en veillant à notre sécurité. Notre énergie vitale est trop précieuse pour être gaspillée et cela nécessite un fonctionnement basé sur des habitudes.

Le problème est qu'on acquiert aussi facilement de bonnes habitudes que de mauvaises. Et il est difficile de s'en défaire après coup. Paradoxalement, le meilleur moyen de corriger vos mauvaises habitudes n'est pas de tout faire pour essayer de vous en libérer directement. Elles sont beaucoup plus puissantes que vous. Votre inconscient les maintiendra en place coûte que coûte.

Un moyen plus efficace consiste à développer d'autres habitudes (aussi puissantes) et que ces nouvelles venues supplantent les anciennes qui ne sont plus mises en œuvre. C'est le cœur de la méthode des treize vertus de Franklin.

Attention toutefois à ne pas se méprendre : les mauvaises habitudes ne sont jamais vraiment supprimées, elles sont juste mises en sommeil. Dans des moments de faiblesses et de manque de vigilance, vos mauvaises habitudes jusqu'alors disparues peuvent ressurgir de façon inattendue.

Si vous voulez améliorer votre situation, ayez conscience que vous devrez d'abord affronter vos propres habitudes inconscientes. Le seul moyen d'y arriver est d'avancer pas à pas. Essayez, comme l'a fait Franklin, de construire votre tableau avec vos treize vertus (des nouvelles habitudes à acquérir). Il avait passé du temps à bien les identifier puis à les sélectionner avec minutie avant de lancer son programme en treize semaines.

Ensuite, l'important c'est la régularité. Cochez une case par jour, jusqu'à ce qu'une habitude soit prise pour une semaine calendaire entière au minimum. Je préconise même de prolonger jusqu'à quatorze jours l'exercice de manière à pouvoir supprimer entièrement cette ligne de votre tableau. Vous pouvez alors vous concentrer sur une nouvelle habitude, ainsi de suite.

Comme Benjamin Franklin, ne précipitez pas les choses en voulant changer vos habitudes trop vite. Elles s'acquièrent lentement et nécessitent aussi du temps pour être remplacées par d'autres. Cette idée est très importante. C'est souvent la source des échecs quand vous souhaitez en adopter des plus saines et que vous êtes trop pressé d'y arriver.

Par exemple, beaucoup de régimes alimentaires promettent de perdre du poids rapidement. Le concept présente en lui-même les germes de l'échec par la rapidité qu'il met en avant, car c'est incompatible avec un changement d'habitude physiologique chez l'être humain. Votre corps fera tout son possible pour se défendre de ce qu'il considérera (à juste titre) comme une agression extérieure.

Le principe de changer vos habitudes doucement va de pair avec le conseil de découper vos objectifs en les segmentant en éléments plus petits. On y reviendra.

Le plus important est de laisser œuvrer le temps. Substituez à vos mauvaises habitudes de nouvelles plus saines et ne vous pressez pas de le faire. Avancez un pas après l'autre. Vous ne courez pas un sprint. C'est de toute façon nécessaire pour avoir une chance d'y parvenir. N'oubliez pas que les habitudes vous freineront d'autant plus que vous brusquerez les choses. De plus, prendre votre temps vous permettra aussi de mieux gérer vos émotions lors de ces changements qui vous sortiront de votre zone de confort psychologique.

PRINCIPE N°8

Modifiez vos habitudes progressivement

Changez vos habitudes en les remplaçant par des meilleures, mais une seule à la fois. Surtout, prenez votre temps et commencez petit. Essayez de construire votre propre tableau des bonnes habitudes selon la méthode de Benjamin Franklin. Dessinez votre grille des vertus et démarrez dès aujourd'hui, vous serez gagnant à tous les coups ! Impliquez-vous totalement dans votre action pour chaque habitude que vous souhaitez modifier.

PRINCIPE N°9

GEORGES MARCHAIS

L'INCROYABLE POUVOIR DES QUESTIONS

« Il est préférable de connaître certaines questions plutôt que les réponses. »
James THURBER

Dans les années 1980, l'homme politique Georges Marchais, à la tête du Parti communiste français (PCF), avait un sens de la repartie bien à lui. Lors d'une interview télévisée animée par Alain Duhamel, il répond à une question non posée.

Le jeune journaliste le reprend aussitôt et le lui fait remarquer. Georges Marchais réplique immédiatement d'un cinglant : « Ce n'était peut-être pas votre question, mais c'est ma réponse ! »

Une autre fois, coutumier du fait, il lui rétorque aussi un vif : « Vous permettez ! Quand vous avez posé une question, si ma réponse vous gêne tant pis pour vous ! »

Les relations entre les questions et les réponses sont complexes à appréhender, notamment dans le jeu politique. Chaque interlocuteur essaye, soit d'esquiver les interrogations qui le dérangent, soit de les exploiter à propos desquelles il a des choses intéressantes à dire. Une vraie lutte de pouvoir, d'influence et de manipulation se joue entre ceux qui posent des questions et ceux qui y répondent. Un combat acharné pour gagner l'initiative et avoir le dernier mot !

Le thème ici est de mettre en relief l'importance relative des questions par rapport aux réponses.

Notre nature humaine nous conduit sans cesse à nous interroger. Souvent, on pose vite la question et on recherche alors frénétiquement la ou les solutions. Quelquefois, on se retrouve bloqué dans notre quête. En réalité, la solution ne consiste pas toujours à essayer d'y répondre.

Le vrai défi consiste à trouver d'abord les bonnes questions à nous poser. Cela peut paraître évident, mais c'est en vérité puissant, si vous prenez vraiment le temps d'y réfléchir.

Le challenge de la personne qui veut dépasser sa zone de confort et progresser, consiste d'abord à se focaliser sur la qualité des questions qu'elle se pose. Et ce n'est pas si facile, croyez-moi. Votre cerveau est naturellement programmé pour trouver des solutions à des problèmes. Il est moins à l'aise pour trouver des questions pertinentes. D'où l'importance de vous faire aider par quelqu'un d'extérieur qui jouera le rôle de miroir. Une tierce personne vous aidera à mieux reformuler les questions. Les siennes en feront aussi ressurgir d'autres chez vous. C'est seulement une fois que vous aurez fait ce travail préliminaire de trouver les bonnes interrogations, que le temps viendra de rechercher les solutions. Souvent d'ailleurs, on constate qu'un problème bien posé contient déjà sa réponse. C'est un cercle vertueux.

J'ai souvent constaté ce phénomène au cours de ma carrière professionnelle. Les personnes s'adressent à moi en quête d'une réponse à leur problème sous la forme d'une question. Avant de me lancer à corps perdu dans la recherche d'une solution, je commence par interroger mon interlocuteur. J'essaye d'en savoir plus. Je lui fais reformuler autrement sa problématique afin de la désambiguïser. Souvent, les personnes connaissent déjà la réponse, mais elle est cachée au fond d'elles même. Avec cette approche, il arrive qu'elles voient le sujet autrement et repartent finalement sans avoir besoin de réponse, car le problème était mal formulé à l'origine. D'autres fois, elles repartent avec l'intention d'explorer plus en profondeur leur problème ou de reformuler autrement leur question.

En qualité de coach mental pour joueurs d'échecs, j'ai beaucoup réfléchi afin de trouver des méthodes efficaces pour les aider à progresser. À force d'essais et d'erreurs, j'ai constaté que plusieurs facteurs entrent en compte de façon systématique. L'état d'esprit est bien entendu l'un des principaux vecteurs de progrès. Cependant, un autre élément plus discret, mais déterminant a fait surface au fil du temps. J'ai découvert un autre frein — important et récurrent — à la progression des joueurs et des personnes en général. Le scénario est toujours le même. Pour commencer, la personne livre ses angoisses et ses frustrations, profitant de l'oreille attentive et bienveillante du coach. Puis, rapidement, elle en vient à exposer ses freins, ses peurs et ses problèmes auxquels elle ne trouve pas de solution.

Vient enfin la phase où je les entends déclarer : « Je ne sais pas comment trouver les réponses à mes problèmes, j'ai besoin d'aide, etc. » Ce manque de clarté les conduit souvent à prendre de mauvaises décisions et à faire du sur place. Ces personnes ne savent plus ce qu'il faut faire pour s'améliorer. S'ensuit une période plus ou moins longue de frustration, parfois une grande démotivation accompagnée d'un sentiment d'échec. Ils craignent de ne jamais pouvoir y arriver. En vérité, cette approche de questions-réponses les a menés sur une fausse route. J'ai ainsi constaté que dans la majorité des cas, le travail à réaliser avec ces personnes consiste à trouver d'abord les bonnes questions à se poser. Une fois cette étape franchie, on peut alors s'atteler à chercher les réponses éventuelles. Cette tache devient alors beaucoup plus simple et efficace.

Pour conclure, je laisse la parole au sage Confucius : « Je ne peux rien pour qui ne se pose pas de questions. »

PRINCIPE N°9

Trouvez les bonnes questions à vous poser

Cherchez d'abord à vous poser les bonnes questions avant de vous plonger dans la recherche des réponses. Vous constaterez que c'est un cercle vertueux. Reformulez sans cesse. Posez-vous plusieurs fois la question du pourquoi. Vous verrez que vos problèmes se dissoudront d'eux-mêmes, car peu résistent au pouvoir de clarification des questions. Prenez du recul par rapport à la situation présente et demandez-vous si cette question sera aussi importante pour vous dans une année par exemple.

PRINCIPE N°10

NADIA
COMANECI

COMMENT DÉPASSER SES LIMITES ?

« Pour réussir, il ne suffit pas de continuer,
il faut toujours se dépasser. »
Madeleine FERRON

Nana, quatorze ans, s'élance en extension les bras tendus vers le haut. Elle attrape la plus basse des deux barres asymétriques et enchaîne une incroyable série de figures. Nous sommes en été 1976 aux Jeux olympiques de Montréal.

Il s'agit de l'épreuve de gymnastique féminine. Nana, c'est le surnom de Nadia Comaneci. La jeune gymnaste s'entraîne de façon intensive depuis l'âge de sept ans, aidée par le couple d'entraîneurs Márta et Béla Károlyi, dans sa ville natale d'Onesti en Roumanie.

Sa performance ce jour-là est remarquable. Pas moins de sept juges sont chargés de noter la jeune athlète au dossard n°73.

La championne roumaine ne regardait jamais le score immédiatement après son passage. Elle avait en effet pris l'habitude de s'attribuer d'abord une note elle-même, en se basant sur son propre ressenti.

Cette pratique de Nadia est intéressante sur le plan mental. Elle renforce sa confiance en elle et cela lui évite d'être fragilisée par des jugements extérieurs sur la vraie qualité de sa prestation. C'est d'autant plus important pour des activités successives, comme c'est le cas ici, pour les compétitions de gymnastique.

Il est en effet contre-productif de se polluer l'esprit avec des ruminations négatives à propos d'erreurs commises dans les exercices précédents. Lorsque vous réalisez une action ou une activité soumise à un jugement externe, je vous suggère d'agir de même, c'est-à-dire de vous autoévaluer d'abord. Cela afin de ne pas subir les évènements frontalement et de limiter l'impact psychologique notamment sur votre confiance en vous.

Une fois revenue au sol, Nadia pense donc avoir bien réussi et juge sa performance par une note minimale de 9,90. Elle se retourne par réflexe vers le panneau Omega qui affiche un score surprenant de 1,00. Ni Nadia ni les spectateurs ne comprennent ce qu'il se passe. Que signifie cette note alors qu'elle pensait recevoir plutôt 9,90 ?

Elle entend alors un bruit sourd et grandissant dans la foule. Le speaker annonce d'une voix forte et enthousiaste : « Mesdames et Messieurs, pour la première fois dans l'histoire de ce sport, un dix parfait ! » Même son entraîneur Béla Károlyi ne s'y attendait pas. Il ne croyait pas que la note dix puisse être attribuée un jour à un gymnaste aux Jeux olympiques.

Nadia est soulagée et très heureuse. Elle saute dans les bras de ses coéquipières roumaines. Nadia Comaneci devient la première athlète à recevoir la note parfaite de dix dans une épreuve des Jeux olympiques.

Elle ne s'arrêtera pas en si bon chemin. Nadia recevra aussi la note maximale à sept autres épreuves à Montréal ! Cette performance incroyable sera couronnée par trois médailles d'or individuelles, une d'argent par équipe et une médaille de bronze pour les épreuves au sol. Elle est ainsi devenue l'héroïne incontestée de cette 21e olympiade des temps modernes.

Plusieurs questions restent néanmoins en suspens. Tout d'abord, comment expliquer le bug du panneau Omega ?

Avant les J.O., la société Omega avait demandé à la fédération internationale de gymnastique : « Vous pensez que cela sert à quelque chose de mettre dix sur notre tableau ? » Les membres de la fédération leur avaient répondu sur un ton amusé : « Non, personne n'aura jamais dix dans ce sport ». Le seul chiffre qui se rapprochait de la note dix était donc « 1,00 », car le panneau ne pouvait afficher que trois chiffres, dont deux après une virgule fixe.

Par ailleurs, quel est le secret de Nadia pour réussir à décrocher non pas un seul, mais sept scores parfaits aux J.O. ?

Bien sûr, on pourrait affirmer que ses milliers d'heures d'entraînements intensifs et ses grandes qualités de gymnaste y étaient pour beaucoup dans ses succès. C'est vrai. Mais la question est de savoir comment a-t-elle fait la différence avec les autres athlètes de son âge, aussi douées techniquement et soumises aux mêmes cadences d'entraînement ?

Un début de réponse nous est révélé lors d'une interview menée quarante ans plus tard avec son ancien entraîneur puis avec la championne olympique.

Béla Károlyi explique que la jeune Nadia était forte, agile et endurante. Mais ce qui l'avait plus impressionné, c'était sa grande motivation. Par exemple, quand il lui demandait de réaliser dix fois un exercice, elle le réalisait quinze fois. Béla la questionnait alors : « Pourquoi en as-tu réalisé quinze fois alors que je ne t'en ai demandé que dix ? » Elle répondait : « Je veux faire mieux. »

C'était ce « petit plus » de motivation, qui fera la différence avec ses compétiteurs.

Nadia confiera à son tour un autre secret. À l'époque, afin d'échapper à l'usure de la routine des séquences de mouvements identiques, la championne avait pris l'habitude d'ajouter ce qu'elle appelait « la touche de Nadia ». Dans tous les petits gestes qu'elle exécutait à la perfection, elle y ajoutait un peu plus d'amplitude, et elle exagérait un peu ses mouvements. Encore une fois, Nadia s'est distinguée par le fait de toujours en faire un peu plus que les autres, et aussi différemment.

Cette histoire illustre l'importance de dépasser ses limites et d'essayer d'en faire un peu plus que ce que vous pourriez faire. Attention toutefois à bien doser. Un peu suffit, mais trop serait nuisible et contre-productif.

PRINCIPE N°10

Faites-en toujours un peu plus, mais pas trop

Allez toujours de l'avant et essayez d'en faire un peu plus, sans toutefois trop forcer. Introduisez dans votre vie quotidienne de petites variations pour éviter l'ennui, vous motiver et ainsi mieux réussir. Lors de la réalisation d'une action liée à une performance, pensez à vous autoévaluer d'abord de façon objective, avant d'accepter de recevoir des jugements extérieurs.

PRINCIPE N°11

DWIGHT DAVID
EISENHOWER

PLANIFIER POUR RÉUSSIR

« Il n'est pas de vent favorable
pour celui qui ne sait pas où il va. »
Sénèque

Dimanche 4 juin 1944, à l'aube, le Général Dwight Eisenhower réunit son équipe de météorologues dans la grande bibliothèque. Elle a été transformée pour l'occasion en salle de travail.

Le quartier général est installé depuis fin mai dans la villa *Southwick House*, située près de Portsmouth au sud de l'Angleterre. C'est une belle demeure du XIXe siècle, de couleur blanche et au style géorgien, dont la façade affiche fièrement une forêt de grandes colonnes de pierres lisses.

Le général Eisenhower est le chef des forces alliées en Europe. Du fait de son expérience lors de débarquements en Afrique et en Sicile, il connaît l'importance des prévisions météorologiques. Il a ainsi nommé James Stagg, chef météorologue et aussi coordinateur des équipes météo.

La date du 5 juin 1944 a été choisie pour le débarquement, car elle correspond à celle où il y aurait la pleine lune, peu de nuages, un vent faible, peu de vagues et une marée basse. Des conditions météo parfaites.

Ce dimanche 4 juin 1944, les forces alliées sont en mer comme prévu et sont prêtes à débarquer le 5 juin. Tout est en place pour le D-Day : près de 12 000 avions et de 7 000 navires, avec à leur bord 130 000 soldats et 20 000 véhicules. C'est la plus grande opération amphibie de l'histoire.

Mais une soudaine et grave dégradation des conditions météo complique les choses. Le Britannique James Stagg signale qu'un front froid pourrait traverser la zone dès le lendemain matin, et rendrait alors impossible le débarquement.

Eisenhower doit alors prendre vite la décision la plus importante de sa vie. Soit permettre à la plus grande opération navale jamais vue de poursuivre sa route, en risquant d'affronter les éléments déchaînés. Soit attendre de meilleures conditions météo et de reporter l'attaque, avec le risque que les Allemands aient le temps d'être informés de l'attaque à venir.

Ike, c'est le surnom du Général Eisenhower, rencontre son équipe de météorologues deux fois par jour, à 4h puis 21h30.

Laissons la parole au Général à l'aube du 4 juin : « Tôt le matin, parti de mon camp situé à un kilomètre de là, je suis arrivé à Southwick House, dans la salle de conférences. Le capitaine James Stagg commença sa présentation. Le pire rapport que je n'avais jamais entendu à ce jour. Il m'annonça des vents très violents frappant les plages de Normandie, empêchant tout atterrissage de nos avions. J'ai donc décidé de reporter l'opération. »

Le Général fait donc immobiliser en pleine mer les forces navales déjà en route.

Ike retrouve son équipe météo le soir vers 21h30 pour le deuxième briefing. James Stagg indique cette fois-ci qu'une accalmie de vingt-quatre à trente-six heures est possible le 6 juin 1944. Mais sans garanties.

Alors que les commandants alliés débattent vigoureusement des implications de ce rapport météo défavorable, Eisenhower reprend la parole. La question, dit-il, c'est combien de temps on peut tenir cette opération en suspens. L'ordre, ajoute-t-il, doit être donné. Il s'interrompt et sort rapidement de la pièce. Il repart au camp de base pour y réfléchir et dormir un peu avant de délivrer sa décision finale le lendemain matin.

Je profite de cette petite pause, pour vous exposer une méthode pour choisir de bons objectifs et la matrice d'Eisenhower pour les prioriser.

Une première étape consiste à définir ce que vous voulez vraiment. Je vous suggère d'utiliser une méthode qui a fait ses preuves. C'est la méthode SMART, qui est un acronyme pour faciliter sa mémorisation, et qui explique qu'un bon objectif doit être :

- Spécifique
- Mesurable
- Atteignable
- Réaliste
- Temporalisé

Dit autrement, vos objectifs doivent être le plus précis possible, avec des résultats qui sont mesurables, des échéances fixées et très précises dans le temps. Ils doivent aussi être atteignables et réalistes. Par ailleurs, il est prouvé scientifiquement qu'écrire vos buts augmente fortement vos chances de les atteindre. Faites donc une liste détaillée par écrit de vos objectifs.

Après les avoir écrits et définis, il vous faut aussi identifier les obstacles à venir et vos ressources. Pour vous y aider, je vous propose une série de sept questions à vous poser :

1. Où en êtes-vous aujourd'hui ?
2. Où voulez-vous aller ? Pourquoi ?
3. Cet objectif est-il bon pour vous ?
4. Quels seront ses avantages ?
5. Quels seront ses inconvénients ?
6. Quels seront vos obstacles
7. Quelles seront vos ressources ?

Une fois votre liste d'objectifs couchée sur papier, et votre environnement identifié, je vous conseille de décomposer vos objectifs en éléments simples. Vous pouvez par exemple les classer du plus simple au plus complexe.

Répartissez ensuite ces objectifs dans une matrice à quatre quadrants selon le degré de qui est urgent en abscisse ou ce qui est important en ordonnée. C'est la matrice inventée par le Général Eisenhower.

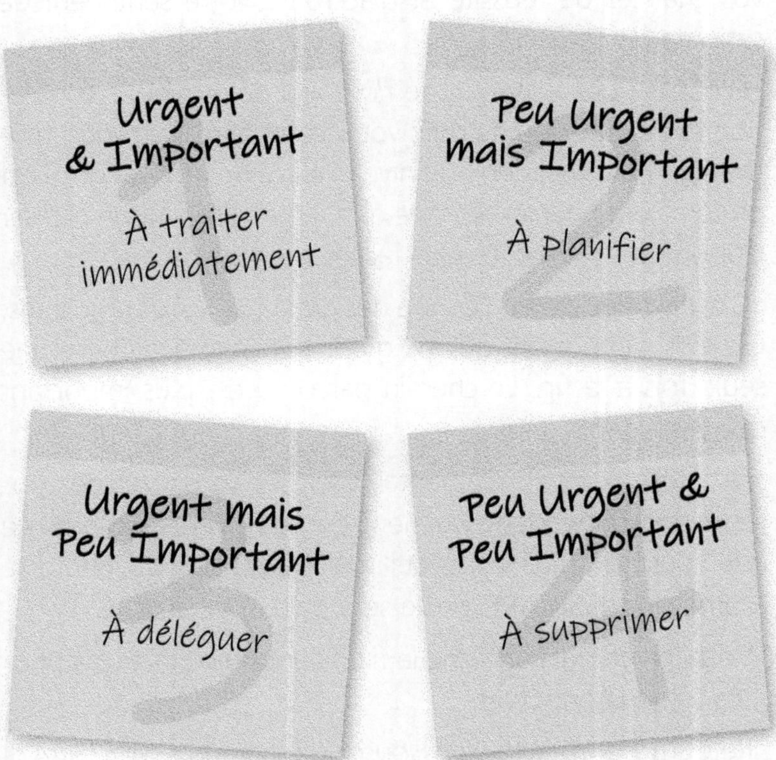

Ainsi les tâches importantes et urgentes sont à traiter en priorité ; les tâches peu importantes, mais urgentes peuvent être déléguées ; les tâches importantes, mais pas urgentes sont à programmer plus tard ; les tâches pas urgentes et pas importantes sont à éliminer de votre liste.

Vous pouvez ensuite classer vos objectifs avec des échéances à court, à moyen et à long terme.

Segmentez bien vos buts en vous gardant des objectifs simples à atteindre en début de période afin d'augmenter vos chances de réussite et d'accroître votre sentiment de satisfaction associé.

N'oubliez pas la notion de *flow*, qui détermine la corrélation entre le niveau de défi, votre compétence et votre motivation. Pour maintenir un niveau élevé de motivation, il est préférable de diminuer votre défi, en choisissant de réaliser d'abord des tâches les plus faciles pour vous.

C'est le principe bien connu des petites victoires régulières. C'est plus important qu'une grande victoire éventuelle une seule fois à la fin. Le chemin parcouru est plus important que l'arrivée.

Un autre point fondamental, c'est de vous fixer des objectifs qui dépendent vraiment de vous. Faute de quoi ce que vous nommez « objectif » n'en sera pas vraiment un. Même s'il est SMART, ce ne sera pas un objectif.

Voilà, en ce qui concerne la fixation d'objectifs et les priorités selon Eisenhower.

Retournons à *Southwick House*, le matin du 5 juin 1944. Il est 3 h 30. Ike parcourt, sous une pluie battante et un vent violent, le kilomètre qui le sépare de son camp de base à Southwick. Stagg avait raison, le débarquement, s'il avait eu lieu le 5 juin, aurait échoué. Le chef météo démarre la réunion et confirme avec soulagement, la brève accalmie de vingt-quatre à trente-six heures.

Le Général interroge alors ses commandants en chef pour savoir s'ils lanceraient l'offensive : ils répondent tour à tour « oui » à l'unanimité. Ike se lève, fait les cent pas dans la pièce, conscient de devoir prendre la décision la plus importante de toute sa carrière, avec le destin de millions d'hommes et de femmes entre ses mains.

Après mûre réflexion, il lance sa phrase devenue historique : « OK, we'll go », « Ok, nous y allons ! »

« La pièce s'est alors vidée de ses occupants en quelques secondes », dira le Général bien plus tard avec le sourire.

Cette histoire illustre l'importance de bâtir une planification solide et des objectifs, mais de rester néanmoins souple dans leur exécution. Une autre citation d'Eisenhower - futur 34e président des États-Unis - prend alors tout son sens : « Dans la préparation à la bataille, j'ai toujours constaté que les plans sont inutiles, mais la planification est indispensable. » On ne saurait mieux dire.

PRINCIPE N°11

Fixez-vous des objectifs qui dépendent de vous

Souvenez-vous de la devise du Général : « Les plans ne valent rien, mais planifier vaut tout. » C'est important de se construire une feuille de route, mais il est encore plus important de savoir changer de cap si la situation l'exige au moment opportun. Cherchez d'abord à obtenir une vision d'ensemble. Fixez-vous des objectifs qui dépendent de vous, écrivez-les, appliquez la méthode SMART et segmentez vos buts le plus possible. Pensez aussi à pratiquer la matrice d'Eisenhower pour devenir plus productif et faciliter vos décisions entre ce qui est important et ce qui est urgent.

PRINCIPE N°12

YES
WE
CAN

BARACK
OBAMA
YES
WE
CAN

LE BON MOMENT POUR AGIR

« Celui qui possède un pourquoi qui le fait vivre, peut supporter tous les comment. »
Friedrich NIETZSCHE

Des milliers de personnes sont réunies ce soir-là à Grant Park, au centre-ville de Chicago. C'est une véritable liesse populaire. Nous sommes le 4 novembre 2008. Une page d'Histoire vient de s'écrire.

La foule scande le nom du 44e président des États-Unis. C'est un jeune homme politique noir et démocrate. Il doit commencer son discours de victoire.

« Il a fallu longtemps. Mais ce soir, grâce à ce que nous avons fait aujourd'hui et pendant cette élection, en ce moment historique, le changement est arrivé en Amérique », déclare le nouveau président élu.

Barack Obama est devenu le premier président afro-américain élu à la Maison-Blanche. Il poursuit son discours : « Si jamais quelqu'un doute encore que l'Amérique est un endroit où tout est possible, qui se demande si le rêve de nos pères fondateurs est toujours vivant, qui doute encore du pouvoir de notre démocratie, ce soir est la réponse. »

Le slogan de campagne de Barack Obama a fait le tour du monde : « Yes we can », « Oui, nous le pouvons. » Tout un symbole de la philosophie américaine du « oui, c'est possible ».

Mais comment expliquer le succès d'Obama en 2008, et quelles sont les leçons à tirer de cette réussite hors du commun ?

Pour certains, cette victoire trouve sa source dans le talent et l'incroyable charisme du sénateur de l'Illinois. Il est d'ailleurs devenu un vrai phénomène de société nommé « l'Obamania ».

D'autres diront que la clé de sa campagne est en réalité son nouveau paradigme. Grâce à son discours fondé sur l'espoir et le changement, il a réussi à réunir l'Amérique autour de lui. Ce n'était plus « vote for Obama », c'était « vote for change ». Les électeurs sont ainsi devenus les acteurs du changement.

D'autres enfin mettront en avant son utilisation inédite des nouvelles technologies comme principal vecteur de succès. Obama a en effet su utiliser internet comme personne avant lui. Cette campagne numérique révolutionnaire visa plus à susciter et organiser des supporteurs qu'à convaincre des électeurs.

La vérité se trouve en réalité à la croisée des chemins de ces trois explications.

Par ailleurs, ce qui a aussi fait la différence, c'est la parfaite exploitation, par Obama et ses équipes, de la théorie d'Ebbinghaus. Il s'agit d'un philosophe allemand et père de la psychologie expérimentale. Ebbinghaus a mis en équation graphique en 1885 la nature exponentielle de l'oubli. Après une seule journée, il vous reste en mémoire à peine 20 à 30 % de l'information entendue la veille. Il est donc nécessaire de faire des rappels réguliers des choses apprises pour ancrer ces connaissances.

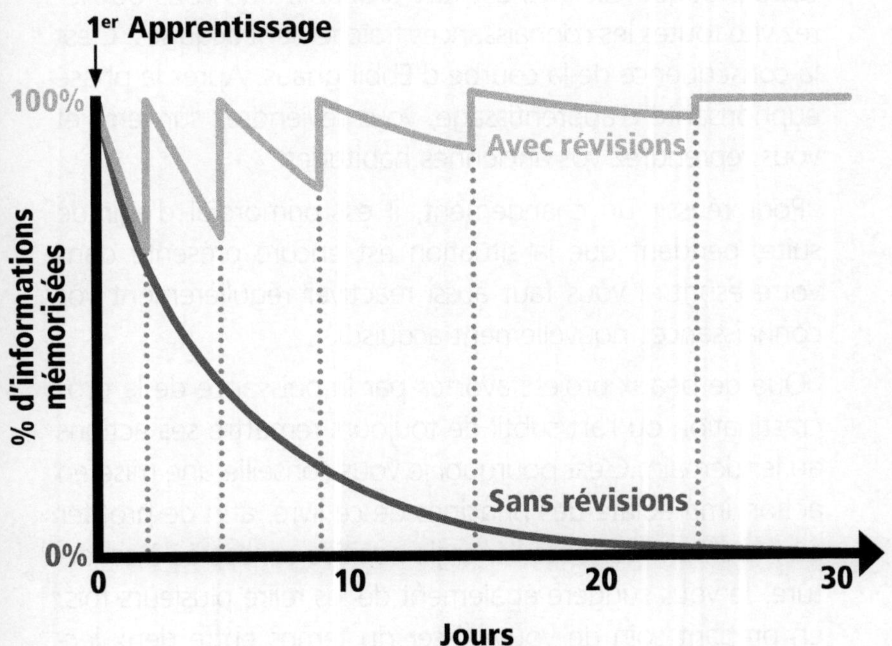

Grâce à sa campagne numérique régulière et constante, Barack Obama a ainsi réussi à rester présent dans l'esprit de ses électeurs et de ses supporteurs. Pendant toute sa campagne, il les incitait à agir de suite et surtout régulièrement afin de provoquer les changements qu'ils désiraient.

L'objet de ce chapitre est de vous convaincre de l'intérêt de vous mettre en mouvement de suite. Utilisez comme Obama, les enseignements de la courbe d'Ebbinghaus.

Une des injonctions les plus fréquentes des méthodes de réalisation de soi est de vous pousser à agir rapidement. On pourrait avoir l'impression au premier abord qu'il s'agit juste de vous bousculer. Pourtant la raison principale de cette pratique est qu'il est fort probable que vous oublierez vite toutes les connaissances fraîchement acquises. C'est la conséquence de la courbe d'Ebbinghaus. Après la phase euphorisante d'apprentissage, vous reviendrez sur terre et vous reprendrez vos anciennes habitudes.

Pour réussir un changement, il est primordial d'agir de suite, pendant que la situation est encore présente dans votre esprit. Il vous faut aussi réactiver régulièrement vos connaissances nouvellement acquises.

Que de beaux projets avortés par la puissance de la procrastination ou l'art subtil de toujours remettre ses actions au lendemain. C'est pourquoi je vous conseille une mise en action immédiate des principes de ce livre, afin de profiter au maximum de toute l'énergie positive consacrée à sa lecture. Je vous suggère également de les relire plusieurs fois, en prenant soin de vous laisser du temps entre deux lectures pour mieux les assimiler.

PRINCIPE N°12

Le meilleur moment pour agir, c'est maintenant

Rappelez-vous la courbe d'Ebbinghaus. Si vous souhaitez vraiment libérer votre potentiel, alors n'attendez pas une seconde de plus et passez à l'action maintenant ! Comme le disait un autre président américain, le célèbre Abraham Lincoln : « Vous ne pouvez échapper à la responsabilité de demain en l'évitant aujourd'hui. »

CONCLUSION

NEIL
ARMSTRONG